세상에 이런
관용어가!

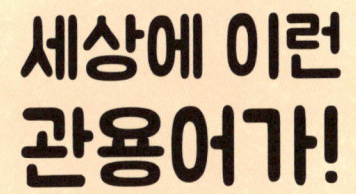

말의 세계로 출발할 수 있도록 기회를 준 길 잭슨을 위하여
- 니콜라 에드워즈

멀리서 나를 응원해 주는 가족들에게
- 마누 몬토야

What a Wonderful Phrase
Text by Nicola Edwards
Text copyright © Little Tiger Press Limited 2021
Illustrations copyright © Manu Montoya 2021
First published in Great Britain 2021 by Little Tiger,
an imprint of Little Tiger Press Limited
Korean Translation copyright © CharlieBook 2024
All rights reserved

이 책의 한국어판 저작권은 시빌 에이전시를 통한
영국 Little Tiger Press Limited와의 독점 계약으로 찰리북에 있습니다.
저작권법에 의해 한국 내에서 보호를 받는 저작물이므로 무단 전재 및 무단 복제를 금합니다.

알쏭달쏭 신기한
관용어들에 담긴 사회, 문화, 역사 이야기

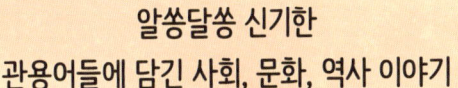

세상에 이런 관용어가!

니콜라 에드워즈 글 · 마누 몬토야 그림
이현아 옮김

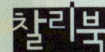

차례

06 호박에 소금을 넣는다
09 팔다리에 값을 매긴다
11 파란 꽃이 된다
12 신발 안에 오줌을 눠도 잠깐 따뜻할 뿐이다
14 고양이를 머리에 쓴다
16 바닷가재가 어디서 겨울을 나는지 알려 주마

19 정글에서 공작이 춤추는 것을 본 적 있니?
20 기린을 빗질한다
22 비가 고양이와 개처럼 쏟아진다
25 너를 찾기 위해 우주를 먹었다
26 원숭이도 각자 자기 나뭇가지가 있다
28 칠면조 시절을 보낸다
30 검은 냄비를 들고 다닌다
33 개구쟁이 신발을 신는다
34 여우와 토끼가 서로 잘 자라고 인사하는 곳
36 번데기 앞에서 주름을 잡는다
39 블랑카도 하나 없다

40 겨드랑이에 수박을 끼운다
42 얼음 위에 소가 없다고 할지라도
44 원숭이 샌드위치 이야기
47 견과류를 포기한다
49 파란 아몬드에 대해 생각한다
50 붉은 청어
53 14개의 눈
54 내일은 살구를 먹을 수 있을 거야
57 악어의 창자를 갈라서 연다
59 너의 깃털 먼지떨이를 볼 수 있다
60 누군가에게 버터를 바른다
62 보이지 않는 것이 꽃이다

들어가는 글

　세상에는 신기하고 재미있는 말들이 참 많아요. 그중에는 분명 다 아는 낱말들로 이루어져 있는데, 무슨 뜻인지 잘 모르는 말들이 있어요.
　영국의 케임브리지 사전을 보면, 이런 말들을 관용어라고 소개하고 있어요. 그러니까 둘 이상의 낱말이 합쳐져 원래의 뜻과는 다른 새로운 뜻으로 쓰이는 말을 관용어라고 하지요. 따라서 관용어는 각 낱말의 뜻을 이해하기만 해서는 안 되고, 속뜻을 알아야 한답니다.
　그런데 자기 나라의 관용어를 오랫동안 써 온 사람들은 그 관용어의 숨겨진 이야기를 잘 알지 못하더라도 자연스럽게 쓰고 있지요. 예를 들어, 영어가 모국어라면 누군가 '비가 고양이와 개처럼 쏟아진다'라고 말해도 그저 '비가 억수로 쏟아지는구나'라고 생각할 거예요. 하지만 영어가 모국어가 아닌 누군가는 이 말을 듣고 무슨 뜻인지 몰라 혼란스러워할 수도 있어요.
　이제 여러분을 알쏭달쏭한 관용어의 세계로 초대합니다. 세계적으로 인기가 있는 관용어를 소개하고, 어떻게 생겨났는지도 알려 줄게요. 우리가 살고 있는 지구는 끊임없이 변화하며 진화하고 있습니다. 언어도 우리 곁에서 살아 숨 쉬며 활기차게 움직인답니다. 때로는 신비로운 마법 같기도 한 언어의 세계로 함께 떠나 보아요.

Avere sale in zucca • 아베레 살레 인 주카

호박에 소금을 넣는다
―― 이탈리아어 ――

똑똑하고 현명하다

- 이탈리아에서는 '호박에 소금을 넣는다'라는 말이 있어요. 똑똑하다는 말을 뜻하는 관용어예요. 호박에 소금을 넣으면 본래의 단맛과 짠맛이 균형을 이루면서 더 맛있어지거든요.

- 소금과 호박은 옛날부터 이탈리아 사람들에게 필요한 식재료였어요. 중세 시대에는 소금이 독극물을 해독하는 데 쓰였고, 호박은 씨앗까지도 모두 요리해 먹을 수 있어서 '가난한 사람들의 돼지고기'라고 불렸어요. 특히 추운 겨울부터 봄이 올 때까지 농작물 수확이 힘든 시기에 가난한 사람들의 배고픔을 달래 주던 고마운 식재료였지요.

- 이탈리아의 벤조네 마을에서는 해마다 호박 축제를 열고, 호박 왕을 뽑습니다. 전설에 따르면, 한 장인이 성당 꼭대기 종탑을 사람들 몰래 금 대신 커다란 황금색 호박으로 장식했다고 해요. 이 호박이 거리로 떨어져서 박살이 나는 바람에 사람들이 이 비밀을 알게 되었고, 모두 깜짝 놀랐다고 해요.

- 이탈리아에서 호박에 소금을 뿌린다는 건 똑똑하다는 뜻이지만, 친구에게 '호박 머리'라고 부르지는 마세요. 바보라는 뜻이니까요!

To cost an arm and a leg · 투 코스트 언 암 앤드 어 레그

팔다리에 값을 매긴다

—— 영어 ——

아주 비싸다

- '팔다리에 값을 매긴다'라는 관용어는 제2차 세계 대전에서 팔과 다리를 잃은 군인들을 그 이후에 언급하면서 만들어졌을 가능성이 높아요. 팔다리를 잃는 것은 너무 비싼 대가를 치르는 것이니까요.

- 18세기 그림에서도 팔다리가 얼마나 많이 나오느냐에 따라 초상화의 가격이 달랐어요. 머리부터 어깨까지 그린 그림이 가장 저렴했고, 팔을 그리면 가격이 오르고 다리까지 그리면 더욱 비싸졌어요.

- 경매에서 가장 비싼 값에 팔린 작품은 레오나르도 다빈치의 '살바토르 문디(세계의 구세주)'라는 그림이에요. 이 그림은 2017년에 4억 5천만 달러에 팔렸다고 해요. 놀랍게도, 이 그림은 1958년에 단돈 60달러에 팔렸었어요. 당시엔 이 그림에 덧칠이 심해서 다빈치의 제자인 베르나르디노 루이니가 그린 줄 알았거든요.

- 2003년에는 한 카지노에서 한 입 베어 먹은 치즈 토스트가 2만 8천 달러에 팔리기도 했대요. 미국 플로리다에 사는 다이앤 듀이서가 빵에 성모 마리아의 얼굴이 새겨져 있다고 말하면서 이 토스트는 전 세계적으로 유명해졌거든요. 듀이서는 이 토스트를 플라스틱 상자에 10년 동안 보관하면서 구매자들에게 절대 먹지 말라고 경고했다는군요.

- 2007년에는 27세의 웨일스 남성이 경매 사이트에서 상상 속의 친구를 팔기도 했어요. 약 3천 파운드에 팔았는데, 31번이나 입찰을 받았다니 놀라울 따름이죠.

Être fleur bleue • 에트르 플뢰르 블루

파란 꽃이 된다

—— 프랑스어 ——

감상적이 된다

- 프랑스에서 파란 꽃은 강렬한 사랑 또는 불가능한 것에 대한 열망을 떠올리게 해요. 그래서 파란 꽃은 '낭만주의'의 상징이 되었죠. 낭만주의는 18세기와 19세기 유럽에서 상상력과 감정을 중시했던 문화 운동을 말해요. 그런데 이제는 이 말이 세상 물정 모르는 너무 순진한 사람을 뜻할 때 쓰여요.

- 꽃에는 꽃의 의미를 담은 꽃말이 있어요. 꽃말은 나라마다 다른데 프랑스에서는 누군가에게 사과꽃을 준다는 건 그 사람을 가장 좋아한다는 뜻이에요. 반면에 매발톱꽃의 꽃말은 어리석음이고, 주황색 백합의 꽃말은 미움이에요. 노란 탄지꽃은 전쟁을 시작하겠다는 꽃말을 가지고 있어요.

- 프랑스는 향수 산업이 발달했어요. 옛날에는 물이 병을 옮긴다고 생각했대요. 그래서 부자들은 목욕을 하는 것보다 향수 뿌리는 것을 더 좋아했어요. 마리 앙투아네트 왕비가 프랑스 혁명 기간에 프랑스를 탈출하려고 했을 때, 왕족이라는 사실을 들킨 이유가 바로 향수 때문이라는 이야기도 있어요.

- 파란색은 프랑스에서 뛰어남을 상징해요. 그래서 프랑스 축구팀은 남자팀과 여자팀 모두 파란 유니폼을 입고 있어요. 이들을 '파랑'이란 별칭으로 부르기도 해요. '푸른 리본'이라는 뜻의 '코르동 블루'는 뛰어난 요리를 의미해요. 프랑스 음식은 유네스코 세계 무형 문화유산 목록에 올라가 있을 정도로 전 세계적으로 인정받고 있답니다.

Það er skammgóður vermir að pissa í skó sinn • 사스 에르 스캄고스르 베르미르 아쓰 피사 이 슈코 신

신발 안에 오줌을 눠도 잠깐 따뜻할 뿐이다

— 아이슬란드어 —

문제에 대해 단기적인 해결책을 선택하는 것은 현명하지 않다

- 이 말처럼 신발에 오줌을 눈다고 해서 얼음처럼 차가운 북극의 추위를 피할 수 있을까요? 발이 젖어서 불쾌하고 냄새가 나는 데다가 곧 더 차가워질 뿐이죠.

- 아주 옛날 아이슬란드 사람들은 상어 고기를 땅속에 묻고 그 위에 오줌을 누어 몇 달 동안 상어 고기를 발효시켜서 먹었다고 해요. 이 신기한 음식을 '하우카르틀'이라고 하는데, 오늘날에는 상어 고기에 오줌을 누지 않고 다른 방법으로 발효시켜서 먹지요.

- 오줌에 젖은 신발을 신는 건 찝찝하지만 가죽을 오줌에 담그면 가죽이 부드러워진다고 해요. 요즘은 화학 물질을 사용하지만, 아주 오랜 옛날에는 동물의 가죽을 부드럽게 하는 데 오줌을 활용했어요. 로마 시대에는 세탁소에서도 오줌을 사용해서 얼룩을 제거하고 옷감을 희게 했어요. 세탁소 주인들이 실제로 이 향기로운 '세제'를 모으기 위해서 소변통을 도시 곳곳에 두었답니다!

猫を被る・네코 오 가부루

고양이를 머리에 쓴다

―― 일본어 ――

본래 성격을 숨기고 상냥한 얼굴을 보여 준다

- 이 관용어가 어떻게 생겨났는지는 잘 모르지만 분명한 것은 일본에서 고양이가 특별히 사랑받고 있고, 예술과 문학에서도 추앙받는 존재라는 거예요. 그렇다면 고양이처럼 보인다는 건 어떤 걸까요? 나의 진짜 모습보다 더 매력적인 모습을 보여 주는 것을 의미해요.

- 고양이에 관련된 재미있는 이야기가 있어요. 일본의 사진작가 야마자키 료가 자신이 키우는 고양이의 털을 모아서 고양이 머리에 올린 다음 사진을 찍어서 인터넷에 올렸어요. 그 사진은 인터넷에서 큰 화제가 되었고, 작가와 아내는 지금까지 백 개가 넘는 고양이 털모자를 만들었대요.

- 일본에는 '고양이 섬'이 열두 개나 있어요. 아오시마섬도 사람보다 고양이가 여섯 배나 더 많이 사는데, 관광객들에게 인기가 많아요. 이 섬에 고양이가 많은 이유는 쥐를 잡기 위해서였다고 해요. 그물을 만들 때 누에를 쓰는데, 쥐들이 누에를 먹으려고 몰려들었거든요. 지금은 쥐가 거의 없지만 섬의 앞바다에 정어리가 많아서 고양이가 잘 먹고 지낸다고 해요.

- 일본 사람들은 마스크를 쓰고 다니는 걸 좋아해요. 감염 때문이기도 하지만 사생활을 지키고 싶어서도 마스크를 많이 쓴다고 해요. 학생들에게 마스크를 왜 쓰는지에 대해 물어봤더니 다음과 같이 대답했어요.
"나는 남들에게 내 진짜 모습을 보여 주고 싶지 않아요."
"다른 사람들을 위해서 표정 관리를 하는 건 피곤해요."

Я тебе покажу, где раки зимуют • 이야 티비에 포카주, 구드예 라키 지무윳

바닷가재가 어디서 겨울을 나는지 알려 주마

―― 러시아어 ――

너에게 한 수 알려 주마

- 바닷가재 같은 갑각류는 봉건 시대에 러시아에서 귀한 음식이었어요. 특히나 겨울에는 갑각류를 잡기가 어려웠어요. 지주들은 잘못을 저지른 소작 농민들을 차가운 바닷물로 보내서 바닷가재를 잡아 오게 했대요. 그러니 농민들에게는 이 말이 얼마나 두려웠겠어요.

- 바닷가재는 세계적으로 인기 있는 음식이지만, 식민지 시대 미국에서는 그렇지 않았어요. 바닷가재가 워낙 흔하고 싸서 가난한 사람들이나 노예, 죄수 들이 먹었고, 맛이 없다고 생각했어요. 어떤 하인은 계약서를 쓸 때 일주일에 몇 번 이상은 바닷가재를 먹지 않겠노라고 정해 놓을 정도였지요.

- 바닷가재는 뒤죽박죽 재미있는 생물이에요. 다리와 발에 있는 털로 맛을 느낄 수 있고, 배 속에 이빨이 있어요. 방광이 더듬이 아래에 있어서 얼굴에서 오줌을 뿜어내기도 하고요. 또한, 바닷가재는 가두어 놓으면 서로 잡아먹어서 기르기에는 꽤 까다롭다고 해요.

जंगल में मोर नाचा किसने देखा? • 정글 메인 모르 나차 키스네 데카?

정글에서 공작이 춤추는 것을
본 적 있니?

———————— 인도어 ————————

눈에 띄고 싶다면 재능을 숨기지 마라 /
아름다움을 누릴 자격이 없는 사람들에게 낭비하지 마라

- 공작은 인도를 대표하는 새로, 은혜와 자부심, 아름다움을 상징하기 때문에 멋진 것을 의미해요.

- 힌두교 경전에서 공작은 시간의 순환을 상징하고, 부의 여신인 락슈미와도 관련이 있어요. 그래서 인도인들은 공작 깃털이 행운을 가져다준다고 믿고, 공작 깃털을 집에 보관하지요. 공작의 꽁지는 몸길이의 약 60퍼센트를 차지하며 1.8미터까지 자랄 수 있어요. 이런 꽁지를 가지고도 공작은 아주 멀리까지는 아니라도 완벽하게 잘 날 수 있답니다.

- 짝짓기 철이 되면 공작은 꽁지깃을 덮고 있는 깃털을 부채 모양으로 펴서 암컷을 유인해요. 이때 깃털을 떨어서 저주파 소리를 낸답니다. 어느 부분의 깃털을 떠는지에 따라 가까이에 있는 암컷을 유혹할지 아니면 멀리 있는 암컷에게 구애할지 정할 수 있답니다.

Peigner la girafe • 페녜 라 지라프

기린을 빗질한다

―― 프랑스어 ――

무의미한 일에 시간을 낭비한다

- 이 관용어는 아마도 프랑스로 건너간 최초의 기린인 자라파에게서 유래되었을 거예요. 자라파에게는 사육사가 네 사람 있었는데, 그중 한 사람은 특별히 자라파의 몸치장을 담당했어요.

- 자라파는 수단에서 프랑스까지 무려 5천 킬로미터나 여행을 했답니다. 아기였을 때 낙타에 실려 나일강으로 옮겨졌고, 그다음에는 소 세 마리와 함께 배를 타고 지중해를 항해했어요. 이 세 마리 소는 자라파가 마시는 우유를 생산하기 위해서 함께했다고 해요.
- 우리의 용감한 자라파는 호박단으로 만든 투피스 레인코트를 입고 마르세유와 파리 사이를 걸어서 무려 885킬로미터를 여행했어요. 1820년대에 꽤 볼 만한 광경이었겠지요!
- 파리 시민들은 자라파에게 열광했어요. 멋쟁이 여성들은 자라파 스타일로 머리를 올려 묶었지요. 이 스타일은 자라파의 머리 모양과 정말 비슷해 보였다고 해요.

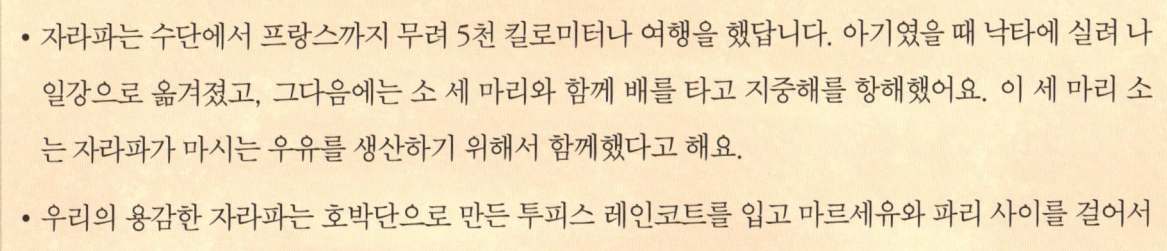

It's raining cats and dogs · 이츠 레이닝 캣츠 앤드 독스

비가 고양이와 개처럼 쏟아진다

―― 영어 ――

비가 많이 온다 / 날씨가 거칠다

- 이 관용어는 '폭포'를 뜻하는 옛날 영어 단어 'catadupe' 또는 '믿을 수 없음'을 의미하는 그리스어 표현인 'cata doxa'에서 유래했을 거예요. 비가 고양이와 개처럼 쏟아진다면 믿을 수 없을 정도로 비가 심하게 내리는 걸 의미하겠죠.

- 북유럽 신화에서 바람을 동반한 폭풍은 개를 상징해요. 폭우는 마녀를 싣고 폭풍 속을 날아다니는 고양이와 연관이 있어요. 그러니 고양이와 개가 하늘에서 내려오는 이미지가 자연스럽게 연결이 되겠죠.

- 토네이도의 물줄기는 시속 160킬로미터로 회전하면서 물, 돌, 심지어 물속에 사는 작은 동물까지도 회오리 안으로 끌어들일 수 있어요. 상승 기류는 박쥐, 새, 개구리, 뱀과 같은 더 큰 동물을 빨아들일 수 있고요. 그런 상황에서도 고양이와 개는 몸을 쭉 뻗고 있겠지요!

- 1930년 미국 루이지애나주 윈필드에서는 수천 마리의 아름다운 색깔을 지닌 새들이 윙윙거리더니 마치 카펫을 까는 것처럼 땅으로 떨어졌다고 해요. 아마 이 새들은 남아메리카와 중앙아메리카에서 강력한 폭풍을 만나는 바람에 북쪽으로 쓸려 온 것 같아요.

- 1876년에는 미국 켄터키주 배스에서는 커다란 살점들이 '큰 눈송이처럼' 떨어진 적도 있었어요. 과학자들에 따르면 그것은 높은 곳에서 독수리들이 토한 흔적일 거라고 하니 놀라울 따름이지요.

Έφαγα τον κόσμο να σε βρω • 에파가 톤 코즈모 나 세 브로

너를 찾기 위해 우주를 먹었다
―― 그리스어 ――

너를 찾아 사방을 뒤졌다

- 이 관용어의 유래는 알 수 없지만 참 엉뚱한 생각이지요. 지구만 해도 얼마나 무겁고 큰데, 우주를 먹다니요. 아무리 욕심이 많은 사람이라도 배가 불러서 못 먹겠지요.

- 미국 텍사스주의 휴스턴 그리스 축제에서는 '이로'라는 그리스 케밥 샌드위치를 먹는 대회가 열려요. 해마다 경쟁자들은 10분 안에 가능한 많은 이로를 먹어야 해요. 2016년에는 조이 체스넛이 이로를 30개나 먹고 우승했어요. 이 사람은 한때 핫도그 74개를 10분 안에 먹어서 세계 기록을 세운 적도 있죠.

- 영국 도싯주에 있는 보틀 인에서는 해마다 따끔따끔한 쐐기풀 먹기 대회를 열어요. 어마어마하지요? 참가자들은 60센티미터 길이의 쐐기풀의 껍질을 벗겨 그 잎을 먹으며 이야기해야 합니다. 한 시간 동안 가장 많이 먹으며 이야기한 사람이 우승한다고 해요. 세상에나!

- 태국 파타야에서는 악어 알 먹기 대회가 열려요. 알 10개를 가장 빨리 먹는 사람이 우승해요. 허술하게 먹으면 점수가 깎여요. 2010년에는 우승자가 주변을 하도 더럽히면서 먹어서 3등으로 강등되었다고 하니, 엉뚱하면서도 재미있어요!

Cada macaco no seu galho · 카다 마카코 노 세우 가이요

원숭이도 각자 자기 나뭇가지가 있다

———— 브라질어 포르투갈어 ————

각자 자기 일에 신경 써야 한다

- 이 관용어는 브라질에서 유래한 말인데, 원숭이를 비유에 사용한 것이 아주 적절해요. 브라질에는 믿을 수 없을 정도로 다양한 생물 종이 사는데, 그중에서도 원숭이가 전 세계 어느 나라보다도 많거든요.

- 대머리우아카리는 정말 이상하게 생긴 원숭이예요. 얼굴은 아주 붉고 머리털이 없지요. 남미 사람들은 이 원숭이가 꼭 관광하느라 볕에 그을린 영국인과 닮았대요. 그래서 대머리우아카리는 '잉글랜드 원숭이'라는 별명을 갖고 있어요. 대머리우아카리는 사람들의 눈에는 우스꽝스럽게 보일지 모르지만, 우아카리 사이에서는 얼굴이 붉을수록 매력적이래요.

- 브라질의 고함 원숭이는 5킬로미터 떨어진 곳에서도 울음소리가 들릴 정도로 소리가 커요. 이렇게 시끄러우면서도 매우 느긋해서 약 80퍼센트의 시간을 나무에서 쉬면서 보내지요.

- 브라질의 카푸친 원숭이는 3천 년 동안 도구를 사용했대요. 도구로 캐슈넛을 깨기도 하는데, 신통방통하게도 어떤 작업을 할 때 어떤 도구가 가장 적합한지 잘 안다는군요!

Estar en la edad del pavo · 에스타르 엔 라 에다드 델 파보

칠면조 시절을 보낸다
―― 스페인어 ――

10대 시절을 보낸다

- 가냘픈 팔다리와 거만한 걸음걸이, 불그스름한 뺨. 이 정도면 스페인 사람들이 청소년기를 왜 '칠면조 시절'로 묘사하는지 알겠지요? 얼굴색이 붉어지는 것은 칠면조의 특징인데, 청소년기도 어찌할 바를 몰라 종종 얼굴이 붉어지는 시기이다 보니 이런 표현이 생겼을 거예요.

- 칠면조는 아메리카가 원산지인데, 마야인들은 이 새를 숭배했고, 아즈텍에서도 역병의 신으로 여겼어요. 칠면조는 메소아메리카에서 길들여진 몇 안 되는 동물들 중 하나예요. 수많은 매장지에서 뼈가 발견된 것으로 보아 아마도 이 새가 신분의 상징이었거나 자주 먹던 별미, 심지어 사랑받는 반려동물이 아니었을까 싶어요.

- 칠면조는 1500년대에 스페인 탐험가들이 유럽에 처음 소개했어요. 워낙 인기가 많았는데, 베네치아에서는 칠면조를 사치스러운 음식으로 여겼어요. 꿩과 칠면조를 같은 식사 자리에서 먹는 걸 금지하는 법이 생길 정도였어요. 그러다 점점 흔해졌고, 이제는 크리스마스와 추수 감사절에 가장 인기 있는 음식이 되었어요.

背黑锅 · 바이 하이구오

검은 냄비를 들고 다닌다
―― 중국어 ――

희생양이 되다 / 누명을 쓰다

- 중국에서 색깔은 강력한 상징성을 가지고 있어요. 전통적으로 검은색은 어둠과 죽음의 색이에요. 아마 중국에서는 대부분의 사람들이 검은 냄비를 가지고 다니길 원하지 않을 거예요. 검은색은 명예와도 관련이 있어요. 중국 전통 연극에서 검정 화장은 청렴한 성격을 나타내요. 한편, 중국에는 각각의 원소, 방위, 계절에 해당하는 색깔이 있어요. 검은색은 물, 북쪽, 겨울과 관련이 있지요.

- 검은 냄비를 가지고 다니는 건 좋지 않을 수 있겠지만, 하얀 그릇을 찾으면 뜻밖에 횡재를 할 수 있어요. 2013년 뉴욕주의 한 벼룩시장에서 3달러에 구입한 그릇이 알고 보니 북송 왕조의 천 년 된 그릇이었거든요. 경매에서 220만 달러(약 30억 원)에 팔렸죠.

- 2015년 사우디아라비아의 한 대학 연구팀은 어떤 딱정벌레 종 하나를 관찰한 뒤에 세상에서 가장 검은 물질을 만들어서 기네스 세계 기록을 세웠어요. 그 딱정벌레는 등껍질에 있는 얇은 비늘들로 빛을 사방으로 흩뿌려 흰색보다 더 하얗게 빛났지요. 연구팀은 이 현상을 반대로 적용해서 세상에서 가장 검은 물질을 만들어 냈던 거예요.

Die stoute skoene aantrek • 디 스토타 스쿤나 안트렉

개구쟁이 신발을 신는다
아프리카어

대담하게 모험을 한다

- 남아프리카 공화국 사람들은 확실히 대담하게 모험하는 방법을 알고 있어서 이런 재미있는 관용어가 생겨났나 봐요. 한 예로, 리안 만서는 자전거로 아프리카 해안을 돌았는데, 2003년부터 2005년까지 34개국을 거쳐 3만 7천 킬로미터에 이르는 여행을 했다고 해요. 대단하지요? 또한 마틴 홉스는 2019년 말라위 호수를 헤엄쳐 건넜는데, 무려 54일 동안 581킬로미터를 연속으로 헤엄쳤다고 해요.

- 이런 대담한 모험가들은 옛날부터 세계 곳곳에 있었답니다. 영국인 제임스 홀먼은 1800년대에 그야말로 개구쟁이 신발을 신고 40만 킬로미터의 세계 일주를 했답니다. 그는 눈이 보이지 않는데도 멀고 먼 호주의 오지를 횡단했고, 시베리아에 갇혔다가 간신히 살아나기도 했어요. 심지어 이탈리아의 화산인 베수비오산을 등반하기도 했지요.

- 러시아인 발렌티나 테레시코바는 1963년에 스물여섯의 나이로 우주에 간 최초의 여성이에요. 이 대담한 모험가는 일흔여섯 살에 화성으로 여행하는 걸 꿈꿨고, 편도 여행일지라도 갈 준비가 되었다고 말해서 온 신문의 헤드라인을 장식했답니다.

Wo sich Fuchs und Hase gute Nacht sagen · 보 지히 푹스 운트 하제 구테 나흐트 자겐

여우와 토끼가 서로 잘 자라고 인사하는 곳

독일어

아무도 없는 외진 곳

- 이 관용어는 외진 곳을 묘사하는 정다운 표현이에요. 독일 사람들이 자연을 얼마나 사랑하는지를 보여 주는 말이지요. 독일 사람들의 약 93퍼센트는 자연을 있는 그대로 보존해야 한다고 생각해요.
- 독일은 국토의 약 33퍼센트가 숲인 만큼 유럽에서 숲이 많은 나라들 중 하나예요. 900억 그루가 넘는 나무를 가지고 있어요. 여우와 토끼가 서로 잘 자라고 말할 수 있는 충분한 공간을 가진 셈이지요.
- 독일에서는 '발트키타스'라는 숲속 유치원이 인기가 좋은데, 전국에 1500개가 넘어요. 아이들이 날씨에 상관없이 들판으로 소풍을 가고, 실내에서 장난감을 가지고 노는 대신 숲에서 뛰놀 수 있지요.

번데기 앞에서 주름을 잡는다

― 한국어 ―

나보다 훨씬 더 많이 아는 사람 앞에서 내 지식이나 경험을 자랑한다

- 이런 뜻을 가진 관용어는 여러 나라의 언어에서 찾아볼 수 있어요. 영어에도 '할머니에게 계란 빨아 먹는 방법을 가르친다'라는 표현이 있죠. 하지만 한국의 이 말이 순진무구하고 재미있어요.

- 한국에서는 번데기 앞에서 주름을 드러내기보다는 번데기를 감쌌던 누에고치를 얼굴에 문지르는 피부 관리법이 있어요. 누에고치는 분명 훌륭한 각질 제거제니까요.

- 누에가 변태한 번데기에는 주름이 많지만 누에는 자연적으로 늙기가 어려워요. 수천 년 동안 선별적으로 번식하면서 야생 누에는 더 이상 존재하지 않아요. 사육된 누에는 금방 죽어서 실크나 간식이 돼요. 한편, 중국과 베트남에서는 번데기를 튀겨서 먹고, 한국에서는 삶아 먹기도 해요.

- 누에는 아주 입맛이 까다로워서 흰 뽕잎만 좋아해요. 그게 없으면 오세이지 오렌지와 뽕나무 잎을 먹는데, 그러면 실크의 질이 떨어진답니다. 참 신기한 일이에요!

Estar sin blanca • 에스타르 신 블랑카

블랑카도 하나 없다

—— 스페인어 ——

돈이 없다

- 16세기 스페인에서 블랑카는 가장 가치가 낮은 동전이었어요. 블랑카도 하나 없다면 그야말로 빈털터리를 의미하지요.

- 때때로 가난은 창의적인 해결책을 찾게 해 줘요. 모하메드 바 아바는 고향인 나이지리아 사람들이 냉장고를 살 형편이 되지 않자 대신 '냄비 속의 냄비'를 만들었어요. 두 개의 냄비 사이에 젖은 모래를 채워 넣는 방법이에요. 모래의 물이 증발하면서 안쪽 냄비의 온도를 4도나 낮출 수 있다니 대단해요.

- 스페인에는 기발한 발명품들이 많아요. 일회용 주사기, 현대식 걸레, 잠수함, 그리고 막대사탕까지 다양하답니다. 스페인의 막대사탕 회사 춥파춥스는 유명한 화가 살바도르 달리가 로고를 디자인했다는 거 알고 있나요? 우주에서 먹은 최초의 막대 사탕이 바로 이 춥파춥스라니 신기하지요!

- 낡은 자전거 부품으로 만든 '사파리시트'는 새로운 휠체어예요. 이 새로운 휠체어는 모든 지형에서 편리하게 사용할 수 있어요. 수동 레버로 이 휠체어를 움직이는데, 사용할 국가에서 직접 만들고 보수할 수 있어요. 환경 파괴 없이 지속 가능한 발명품이랍니다.

هندوانه زیر بغل کسی گذاشتن · 헨두네 지레 바갈레 카시 고자쉬탄
겨드랑이에 수박을 끼운다
―― 페르시아어 ――

나를 위해 누군가를 속여 지겹거나 멍청한 일을 하게 한다

- 이 관용어는 아제르바이잔과 튀르키예에서도 쓰는데, 다른 사람에게 떠넘기고 싶은 피곤하고 성가신 일을 떠올리게 해요.

- 수박을 겨드랑이에 끼고 다니는 것은 힘든 일이겠지만, 수박 주스는 근육통을 줄여 주고, 심한 운동 후에 심장 회복에도 도움을 줄 수 있답니다.

- 2020년, 세계에서 가장 무거운 수박은 미국 테네시주에 사는 크리스 켄트의 수박이에요. 무려 159킬로그램이나 되는데, 7년 동안 어느 수박도 이 기록을 깨지 못했어요. 아무도 이 수박을 들고 가라고 하지는 않겠지요?

- 로마의 민간 전설에는 흡혈귀 수박이 있어요. 신화에 따르면 '브를, 브를, 브를' 하는 소리와 껍질의 붉은 반점으로 이 괴물들을 알아볼 수 있다고 해요. 이 괴물들을 멈추려면 어떻게 하냐고요? 괴물들을 잡아서 삶고, 빗자루로 문지른 다음에 던져 버리세요. 그리고 빗자루를 태워 버리면 멈출 수 있답니다.

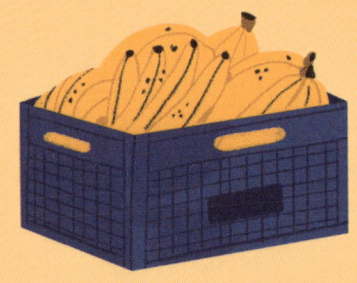

Ingen ko på isen · 잉겐 코 파 이센

얼음 위에 소가 없다고 할지라도

―― 스웨덴어 ――

서두를 것 없다

- 이 관용어는 '얼음 위에 있던 소가 호수에 빠지더라도 뒷다리가 땅을 딛고 있다면 걱정할 필요 없다'라

는 뜻이에요. 농장에 수돗물이 없던 시절, 소를 호수로 끌고 가서 물을 먹였어요. 그런데 겨울철에는 호수의 얼음판이 소의 무게를 견디지 못하고 깨지기도 했어요. 그렇더라도 소가 뒷다리를 땅에 두고 서 있다면 끄떡없을 테니 걱정하지 않아도 되겠지요.

- 스웨덴의 작은 마을 유카샤르비에는 얼음 호텔이 있는데, 해마다 전 세계의 예술가들이 모여서 다시 짓는대요. 토르네강 근처의 눈과 얼음으로 짓는데, 7억 개의 눈덩이가 필요하다니 놀랍지요?
- 스웨덴에서는 매일 밤 여성 농민들이 '쿨닝'이라는 특별한 발성법으로 산에 있는 소를 집으로 불러들여요. 이 으스스한 소리는 5킬로미터 이상 떨어진 곳에서도 들을 수 있는데, 최대 125데시벨까지 올라가는, 귀가 찢어질 듯한 소리라고 해요.
- 노르웨이에서는 소로 쿠스킷 빙고 게임을 해요. 들판에 울타리를 쳐 놓고 64개의 정사각형으로 나눈 다음, 소 두 마리를 풀어놓지요. 사각형에 먼저 똥을 누는 소가 이기는 게임이랍니다.

Een broodje aap verhaal · 엔 브로지 압 페르하우

원숭이 샌드위치 이야기

―― 네덜란드어 ――

지역에서 널리 알려진 이야기로, 사실이라고는 하지만 출처가 불분명한 이야기

- 이 관용어는 에설 포르트노이가 1978년에 쓴 네덜란드 소설의 제목에서 나온 말이에요. 소설 속에는 고릴라, 원숭이, 곰의 신체 부위로 만든 핫도그 샌드위치를 파는 사람이 등장한답니다.

- 이런 수상한 이야기를 '고래 종양 이야기'라고 부르기도 했어요. 제2차 세계 대전 때 생선 통조림에서 머리를 욱신거리게 하는 종양을 발견했다는 이야기에서 비롯된 말이에요. 영국의 작가 로드니 데일은 '고래 종양 이야기' 시리즈를 만들어 내기도 했어요.

- 특히 엉뚱했던 원숭이 샌드위치 이야기는 '영국 런던에는 도로가 없다'라는 이야기예요. 사실 이건 기술적으로 말하자면 어느 정도 맞는 이야기랍니다. 1994년까지 런던에는 거리, 광장, 골목 등으로 불리는 다양한 장소가 있었어요. 영어로 '도로'라는 단어가 생기기 전이었기 때문에 실제로 도로는 없었던 거지요!

- 또 하나의 매력적인 원숭이 샌드위치 이야기를 들려줄까요? 런던 거리를 날아다니는 수만 마리의 야생 앵무새에 관한 이야기예요. 이 새들은 1968년에 로큰롤 가수 지미 헨드릭스가 카니비 거리를 산책하면서 앵무새 한 쌍을 날려 보낸 것이 시초였대요. 이 새들이 정말 로큰롤 제왕의 후손일까요?

Nuces relinquere · 누체스 렐린퀘레

견과류를 포기한다

─── 라틴어 ───

유치한 방법을 버린다

- 고대 로마에서는 장난감이 흔하지 않았기 때문에, 아이들은 종종 견과류를 가지고 놀았어요. 그래서 견과류를 포기한다는 것은 어린이다운 것을 버리고 이제 성장했다는 것을 의미해요.

- 오늘날 아이들이 가지고 노는 요요, 외발 롤러스케이트, 주사위, 연, 구슬, 줄넘기 같은 것들을 고대 로마 아이들도 가지고 놀았어요. 뿐만 아니라 숨바꼭질, 사방치기, 등 짚고 뛰어넘기 같은 놀이도 했다고 해요. 아이들은 나무칼과 작은 나무 바퀴가 달린 전차를 가지고 전쟁놀이도 많이 했어요. 다양한 인형 장난감도 있었는데, 팔과 다리가 관절로 연결된 인형 장난감도 있었어요.

- 고대 로마 아이들도 반려동물과 함께 놀았어요. 개와 새는 요즘처럼 인기가 많았고, 부유한 사람들은 원숭이를 키우기도 했다는군요.

Myśleć o niebieskich migdałach · 미쉴레츠 오 니비에스키 미그다왁

파란 아몬드에 대해 생각한다

—— 폴란드어 ——

공상에 잠긴다

- 이 관용어의 유래는 알 수 없어요. 하지만 파란 아몬드를 상상해 볼 수는 있지요. 파란색은 전 세계적으로 인기 있는 색이니까요.

- 파란 아몬드가 아직은 공상 속에나 있을 수 있지만 초록 아몬드는 실제로 있어요. 우리가 잘 알고 있는 아몬드가 갈색으로 되기 전에 잠깐 초록색을 띠거든요. 먹어 보면 청포도와 풋사과를 섞은 맛이 나요.

- 미국 캘리포니아주에서는 아몬드 산업이 큰 부분을 차지해요. 미국은 아몬드 농사를 짓기에 좋은 조건을 갖추고 있고, 세계 작물의 80퍼센트 이상을 생산해요. 아몬드나무는 열매를 맺기 위해 교차 수분을 해요. 같은 종 다른 나무의 꽃가루로 가루받이를 한다는 뜻이에요. 바람으로 꽃가루를 옮기는 게 쉽지 않아서 꿀벌을 활용해요. 아몬드나무에 꽃이 피면 농부들은 6주 동안 꿀벌을 빌려 온다니, 놀라울 따름이지요!

To be a red herring · 투 비 어 레드 헤링

붉은 청어

―― 영어 ――

오해를 불러일으키거나 주의를 분산시키기 위해 의도적으로 개입하는 것

- 1805년 영국의 기자 윌리엄 코벳은 사냥할 때 사냥개의 주의를 분산시키기 위해 '붉은 청어'를 사용했다고 주장했어요. 왜 그랬을까요? 이 말은 런던 언론에 대한 비유적인 표현이었어요. 그들이 나폴레옹에 대해 잘못된 이야기를 해서 코벳이 언짢았었거든요. 이 표현은 인기를 끌었지만 실제로 사냥할 때 붉은 청어가 있을 리가 없지요. 청어가 불그스름해지려면 훈제를 해야 하니까요. 사실 훈제 청어는 냄새가 지독하기 때문에 사냥개가 냄새를 맡으면 주의가 분산되기는 할 거예요.

- 스웨덴에서는 별미로 청어를 발효시킨 수르스트뢰밍이라는 음식을 먹는데, 이건 세계에서 가장 냄새가 고약한 음식이에요. 얼마나 심하게 발효되어 있는지 캔에 넣어 두면 압력 때문에 부풀어 오른답니다. 어떤 항공사들은 폭발 위험이 있다는 이유로 비행기에 싣는 걸 금지할 정도예요.

- 청어가 밤마다 방귀를 뀌는 덕분에 안전하게 지낸다는 걸 알고 있나요? 사실 이 방귀는 소화 과정이 아니라 삼킨 공기를 내보내는 것이랍니다. 이때 기포가 나가면서 청어들만 들을 수 있는 고주파를 내보내요. 이 소리 덕분에 청어는 떼로 서식하면서 포식자들에게 만만치 않은 상대가 된답니다.

Τα μάτια σου δεκατέσσερα • 타 마티아 소 데카테세라

14개의 눈

―― 그리스어 ――

정신 바짝 차리고 조심하다

- 이 관용어는 마치 14개의 눈을 가진 것처럼 경계를 늦추지 않는 것을 의미해요. 인간에게는 기본적으로 다섯 개의 감각이 있지만, 과학자들은 우리가 실제로는 최소 14개의 감각을 갖고 있다고 믿거든요.

- 14개의 눈을 갖는다니 너무 지나친 것 같다고요? 상자해파리는 눈이 24개나 되는걸요. 가리비는 눈이 최대 200개나 되어서 해파리 정도는 우습게 만들지요. 가리비의 눈에는 렌즈 대신 수많은 거울이 있는데, 이 살아 있는 거울에서 빛을 반사해서 망원경처럼 보고 있답니다.

- 인간의 지문은 40개의 고유한 특성을 지녔어요. 반면 홍채는 256개의 고유성을 갖고 있기 때문에 보안에 적극 활용되고 있어요.

- '14개의 눈'이라는 국제 정부 비밀 동맹이 실제로 활동하고 있다는 걸 알고 있나요? 14개국에서 전 세계 인터넷 사용자들에 대한 정보를 공유하고 있다는군요.

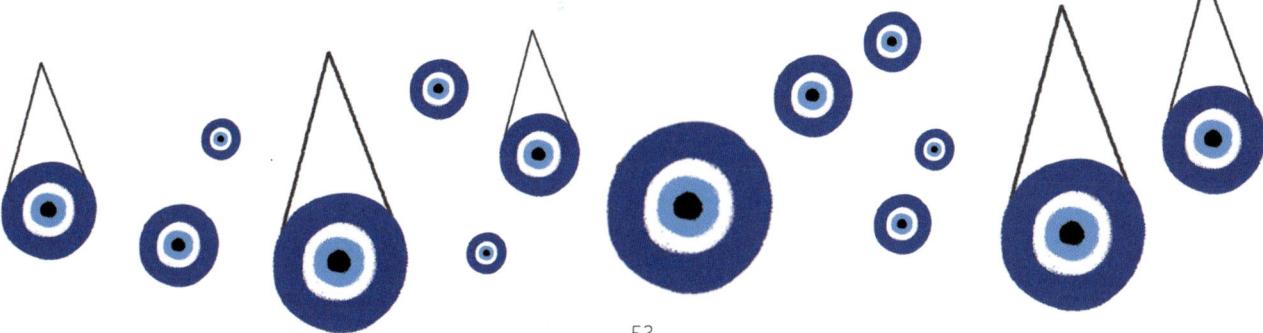

내일은 살구를 먹을 수 있을 거야

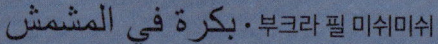

아랍어

잊어버려! / 그건 불가능해, 그만해!

- 이집트에서 살구 철은 일 년에 딱 2주예요. 그러니 내일 살구를 먹자는 약속은 대부분 불가능한 말이겠지요.

- 아마르딘(아랍어로 '신앙의 달'을 의미)은 살구를 갈아 얇게 펼쳐서 말린 거예요. 돌돌 말아서 먹기도 하고, 중동에서 라마단 기간에 가장 인기 있는 음료인 카마르알딘을 만드는 재료가 되기도 해요.

- 살구는 이상하게도 미국 해병대에서 나쁜 평판을 가지고 있어요. 특히나 탱크 운전병들이 살구를 싫어해서 1995년에는 군용 식량에서 살구를 없앴다고 해요. 그전까지는 해병대원들이 혹시 음식 어딘가에 살구가 들어 있을까 봐 탱크로 음식을 가져오지도 않았어요.

- 로마인들은 기원후 1세기에 살구를 발견했는데, 조숙한 과일이라고 불렀어요. 살구 열매는 연약해서 서리나 강풍에 쉽게 떨어지기 때문에 초여름에 열매를 맺거든요.

Igere furou tolu · 이게레 푸루 톨루

악어의 창자를 갈라서 연다

이조어(나이지리아어)

비밀을 밝힌다

- 나이지리아의 이조어를 사용하는 사람들은 악어가 자주 나오지 않고 잡기도 어려운 니제르 델타 주변에 삽니다. 그러니 악어 배 속에 무엇이 들었는지 궁금하겠지요.

- 악어는 지구에서 약 2억 4천만 년 동안 살았어요. 공룡과 같은 시기를 살았던 거지요. 악어는 알에서 태어나면 약 2퍼센트만이 어른 악어로 자라난다고 하니, 이렇게 자라난 악어는 모두 대단하네요!

- 악어는 땀을 흘릴 수가 없어요. 그래서 턱을 벌려서 입으로 열을 내보낸답니다. 목구멍에 판막이 있기 때문에 물속에서도 턱을 벌릴 수 있다고 해요!

- '악어의 눈물'이라는 표현은 악어가 먹을 때 눈물을 흘리기 때문에 생긴 말이에요. 이 표현은 누군가 공감을 얻기 위해 억지로 우는 척할 때 써요. 그나저나 악어는 먹을 때 왜 우는 걸까요? 음식에게 미안해서 우는 건 아니에요. 그 이유로는 두 가지 설이 있는데, 첫 번째는 악어가 먹이를 입에 문 채로 숨을 들이마시고 내쉴 때 삼킨 공기가 눈물샘을 자극하기 때문이래요. 두 번째는 악어의 눈물샘 신경과 입을 움직이는 신경이 같아서 먹이를 씹어 삼킬 때 눈물을 흘리는 거라고 해요.

Se le ve el plumero · 세 레 벨 플루메로

너의 깃털 먼지떨이를 볼 수 있다

— 스페인어 —

너의 진짜 속셈을 알겠다

- 1812년 스페인 헌법이 제정되었을 때 자유주의를 지키기 위해 국가 민병대가 설립되었어요. 그 군인들은 먼지떨이처럼 생긴 깃털이 달린 모자를 썼어요. 그래서 누군가 정치적 견해를 냈을 때 자유주의적으로 들리면 깃털 먼지떨이, 즉 '본색'을 보았다고 말하기 시작했어요.

- 일본의 오나가도리('명예로운 닭'이라는 뜻)처럼 본색을 숨기는 게 어려운 동물도 있지요. 이 새의 수컷은 10미터나 되는 긴 꽁지 깃털이 있는데, 일종의 돌연변이 유전자를 가지고 있기 때문에 깃털이 빨리 자라고 털갈이를 하지 않는답니다. 깃털이 일생 동안 자라는 것이지요.

- 사막꿩 수컷도 깃털에 놀라운 힘을 가지고 있어요. 목마른 새끼들을 위해서 배의 깃털에 물을 채워서 둥지로 가져올 수 있다니, 신기하지요!

- 날개로 노래하는 새도 있어요. 마나킨 수컷은 날개깃을 번개처럼 빠른 속도로 비빌 수 있답니다. 귀뚜라미도 이런 식으로 소리를 내지요. 마나킨은 이렇게 해서 바이올린과 같은 진동으로 짝을 유혹한답니다.

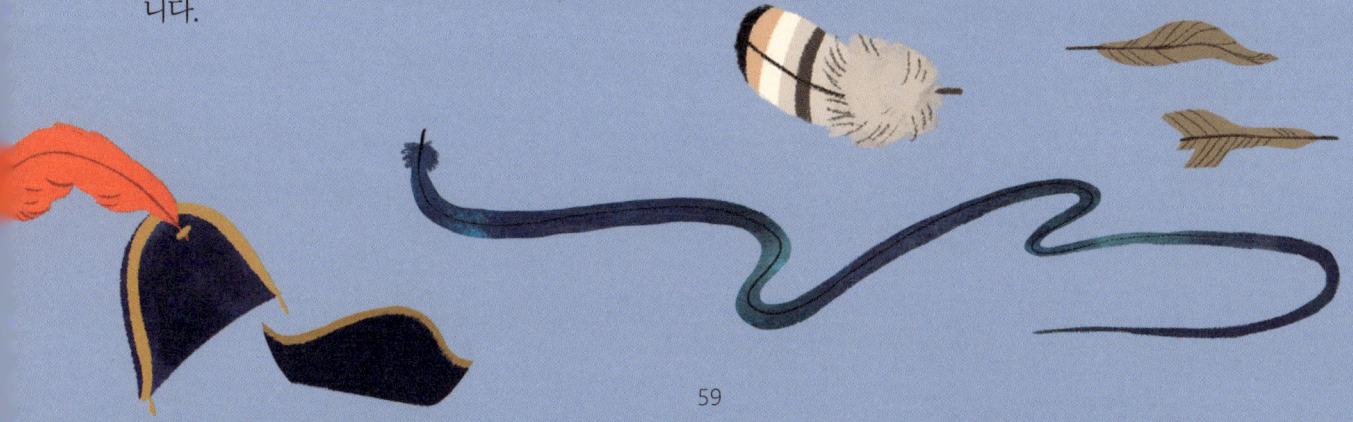

To butter someone up · 투 버터 썸원 업

누군가에게 버터를 바른다
— 영어 —

무언가를 부탁하기 전에 듣기 좋은 말로 아부한다

- 이 관용어는 고대 인도에서 유래했을지 모르겠네요. 고대 인도에서는 사람들이 무언가를 부탁하거나 용서를 구할 때 종교적인 조각상에게 작은 공처럼 생긴 버터를 던졌거든요. 또 어떤 사람에게 느끼한 말을 하는 것이 마치 빵에 크림 버터를 바르는 것과 비슷하다는 의미로 쓰게 된 말일 수도 있어요.

- 힌두교에서 소는 살아 있는 영혼을 대표하는 신성한 동물이에요. 버터는 힌두교도가 먹는 유일한 동물성 지방이에요. 그러니 버터는 귀한 음식이고, 종교 의식에서도 등불의 연료가 되는 중요한 역할을 해요. 힌두교도들은 약 3천 년 동안 영웅신 크리슈나에게 바치는 제물로 버터기름 통을 사용해 왔어요.

- 인도의 사원 도시인 마하발리푸람에는 '크리슈나의 버터 공'이라고 불리는 거대한 바위가 있어요. 이 바위는 높이가 6미터, 폭이 1.2미터, 무게는 무려 227톤이에요. 그런데도 천 년이 넘는 시간 동안 경사면에서 굴러 떨어지지 않고 있답니다. 이 버터 공의 정체는 무엇일까요? 크리슈나가 가장 좋아하는 음식이 하늘에서 떨어진 것이라고 해요. 그래서 그토록 굳건히 있나 봐요.

- 일본의 전통 음식에는 유제품을 사용하지 않아요. 그래서 16세기 일본 사람들은 유럽인과 만났을 때 동물성 지방 냄새를 맡고 기겁했다고 해요. 유럽인들을 '바타쿠사이'라고 불렀는데, 버터 냄새가 난다는 뜻이에요.

버터

見ぬが花・미누가 하나

보이지 않는 것이 꽃이다
― 일본어 ―

상상이 현실보다 낫다

- 이 관용어는 다음 모퉁이에 무엇이 있는지 보려고 서두르지 말라고 말해 줍니다. 때로는 상상만 하는 것이 더 나을 때도 있으니까요.

- 일본에는 기발한 발명품이 가득하답니다. 이를테면 네모난 수박, 버터 강판, 넥타이 겸용 우산 같은 것들 말이지요. 그런데 이런 건 어떨까요? 아기가 기어갈 때 바닥을 청소할 수 있도록 생긴 옷이 있다면요? 어휴, 실제로 보는 것보다 그냥 상상만 하는 게 낫겠어요!

- 벚꽃 피는 계절은 때로는 현실이 상상을 뛰어넘는다는 것을 경험하게 해 줘요. 온 나라에 벚꽃이 피고 사람들은 나무 아래에서 꽃구경을 해요. 밤이 되면 '요자쿠라'라고 불리는 밤벚꽃놀이도 열려요.

- 벚꽃의 계절이 특별한 이유는 꽃피는 기간이 아주 짧기 때문이에요. 벚나무는 첫 꽃이 피고 일주일쯤 되면 꽃잎이 떨어지기 시작해요. 그러면 그 이후부터는 벚꽃의 아름다움은 그저 상상 속에만 존재할 뿐이지요. 아마도 가장 아름다운 벚꽃은 보이지 않는 벚꽃이 아닐까요?

세상은 끊임없이 변하고 우리는 놀라운 일들을 해 나갑니다. 우리가 발견하고, 기록을 깨고, 몰랐던 사실을 찾아낼 때 역사는 새롭게 흘러가지요.

언어와 말하는 방식은 계속 변합니다. 세계의 관용어를 소개하면서 발음을 일반적인 가이드로 안내했지만, 이것이 절대적인 것은 아니에요. 단어를 발음하는 방법을 문자로 알려 주기가 쉽지 않을 뿐만 아니라, 같은 나라 안에도 다양한 발음이 존재한다는 점을 기억해 주세요.

글 · 니콜라 에드워즈

영국 브라이튼의 아름다운 해변가에서 자랐어요. 책 읽기와 춤추기, 라임이 들어간 단어, 청록색을 좋아하지요.
어린이를 위한 책을 여러 권 썼고, 지금은 런던에 살면서 어린이 책을 쓰고 편집하는 일을 하고 있습니다.
2019년 UKLA 어워드 후보로 지명되었습니다.

그림 · 마누 몬토야

1990년 콜롬비아 메데인에서 태어났어요. 도시와 시골에서 자랐고, 어린 시절엔 숲을 탐험하고 그림을 그리며 보냈습니다.
그래픽 디자인과 광고를 공부했으며, 바르셀로나에서 아트 디렉션을 공부했습니다.
색연필, 구아슈, 잉크, 디지털 미디어를 다루는 것을 좋아합니다.

옮김 · 이현아

초등학교 교사이며, '좋아서하는그림책연구회' 대표입니다. 2015 개정 교육과정 미술 교과서 및 지도서를 집필했으며,
2018 학교 독서교육 분야 교육부장관상과 제5회 미래교육상 최우수상을 수상했습니다. 유튜브 '현아티비'와
'읽고 쓰고 만드는 그림책 수업' 강연 등을 통해 독자들과 소통하고 있습니다.
『그림책 한 권의 힘』, 『좋아서 읽습니다, 그림책』, 『어린이 마음 약국』을 썼고, 『그림책 디자인 도서관』을 비롯하여
그림책 『위대한 깨달음』, 『나무를 만날 때』 등을 우리말로 옮겼습니다.

세상에 이런 관용어가!

1판 1쇄 발행 2024년 9월 20일

글 니콜라 에드워즈 | **그림** 마누 몬토야 | **옮김** 이현아
펴낸이 박철준 | **편집** 신지원 | **디자인** 조수정
펴낸곳 찰리북 | **출판등록** 2008년 7월 23일(제313-2008-115호)
주소 서울시 마포구 동교로18길 33, 201(서교동, 그린홈)
전화 02)325-6743 | **팩스** 02 324-6743
전자우편 charliebook@gmail.com | **인스타그램** instagram.com/charliebook_insta
블로그 blog.naver.com/charliebook

ISBN 979-11-6452-094-7 77800

* 잘못된 책은 구입하신 곳에서 바꾸어 드립니다.
* KC마크는 이 제품이 공통안전기준에 적합하였음을 의미합니다.
⚠ 주의 책 모서리가 날카로우니 던지거나 떨어뜨려 다치지 않도록 주의하시오.